Satz: DTP-Dompteuse
Druck und Bindung:
Sebald Sachsendruck, Plauen
1 2 3 4 5 99 98 97 96 95
Auflage Jahr
(jeweils erste und letzte Zahl maßgeblich)

ISBN 3-8231-1031-4

Formel 1 und Motorsport

Ein fröhliches Wörterbuch für
Speed-Freaks, Benzinschnüffler,
Michael-Schumacher-Fans und alle anderen
Motorsportbegeisterten.

Von Dorothea Jokutsch
mit Zeichnungen von Peter Ruge

TOMUS

Abtrieb

A

Abschmieren	Das unplanmäßige Verlassen der Rennstrecke. Wer im Rennen abgeschmiert ist, der ist meist auch angeschmiert.
Abtrieb	Die Kraft, mit der ein Fahrzeug durch den Fahrtwind auf den Boden gedrückt wird. Je höher der Abtrieb, desto besser die Straßenlage, desto niedriger aber auch die Höchstgeschwindigkeit. Abtrieb wird durch Spoiler, Flügel und andere aerodynamische Hilfsmittel erzeugt, Auftrieb dagegen durch höhere Sponsorzahlungen und einen besseren Fahrer.
Adelaide	Südaustralische Schönheitskönigin mit bemerkenswerten Kurven.
Aerodynamik	Lehre von den Strömungen der Luft und den Luftkräften; hat wichtigen Einfluß auf die Geschwindigkeit, die Straßenlage und das Image eines Rennfahrzeuges: Wie hoch ist der Luftwiderstand? Wie stark ist der Abtrieb? Wieviel heiße Luft produziert der Pressesprecher des Teams?
Agostini, Giacomo	„Ago". Erfolgreichster Motorrad-Rennfahrer aller Zeiten; nach 122 Grand-Prix-Siegen und 15 Weltmeisterschaften in Folge in den sechziger und siebziger Jahren konnte die FIM den Italiener durch Zahlung einer ungenannten Summe dazu bewegen, den Rennsport aufzugeben.
Alfa Romeo	Neben Beta Giulia der Hauptdarsteller der Shakespeare-Aufführung „Romeo und Julia" zur Eröffnung der **A**nonima **L**ombarda **F**abbrica **A**utomobili 1906. Ihrer Liebe widmete der Automobilhersteller den Alfa Romeo Giulia.

Allrad	Vor allem im Rallyesport verwendetes Antriebskonzept, bei dem alle Räder eines Autos – bis auf Lenkrad und Reserverad – angetrieben werden. Im Endeffekt zählt bei den meisten Rallyes allerdings nur, ob ein Auto überhaupt noch alle Räder hat – ob angetrieben oder nicht.
Amateure	In keinem anderen Sport ist die Abneigung der Aktiven gegen den Amateurstatus so stark ausgeprägt wie im Motorsport. Selbst der blutigste Anfänger träumt bereits von einem Werksvertrag und großen Sponsoren. Wenn die auch noch nicht zahlen, so klebt er vorsorglich schon einmal die Aufkleber der einschlägigen Firmen auf sein Auto.
Aquaplaning	Der planvolle Umgang mit den Trinkwasserreserven bei einer Wüstenrallye wie der Paris-Dakar. Neuerdings wird dieser Ausdruck auch für Wasserglätte bei regennasser Fahrbahn verwendet – ein ziemlicher Unsinn, denn bei Regen braucht man kein Wasser zu sparen.
Assen	Der holländische Plural von As – die Motorsportelite.
Audi	Lateinisch für „Horch“, „Hör zu“; Ausruf des Rallye-Beifahrers, wenn der Fahrer seinen Vorlesungen aus dem Gebetbuch (siehe dort) nicht mehr konzentriert genug zuhört.
Aufkleber	In Ostblock- und Entwicklungsländern das gängige Zahlungsmittel der gesamten Motorsport-Szene. In Deutschland läßt sich mit Aufklebern zwar nichts bezahlen, aber auch hierzulande schmücken echte Fans ihr Auto mit den Stickern der Sponsoren ihrer Idole. Manchmal leidet allerdings das Image der betreffenden Firma darunter, daß ihre Aufkleber auf den falschen Autos zu finden sind – siehe Playboyhäschen im Mantafenster.

Aufkleber

Aufwärmrunde Einführungsrunde vor dem Start eines Rennens; dient eigentlich dazu, die Rennmotoren auf Betriebstemperatur zu bringen; führt allerdings oft dazu, daß viele Motoren und Fahrer schon vor dem Start überhitzen.

Auslaufrunde 1. Abschließende Runde der Teilnehmer eines Rennens nach der Zieldurchfahrt, um die Ovationen der Zuschauer entgegenzunehmen und ihnen bei langsamer Fahrt die Gelegenheit zu geben, die Sponsoraufkleber zu lesen.
2. Die Runde, die ein Rennfahrzeug mit kapitalem Motorschaden auf dem Weg zur Box zurücklegt – das Motoröl läuft auf dieser Runde langsam auf die Fahrbahn und bereichert die Rennstrecke für den Rest des Tages um einen zusätzlichen Schwierigkeitsgrad.

Auslaufzonen Sturzräume in und nach Kurven; dort können die Fahrer ihr havariertes Fahrzeug abstellen und die leckgeschlagene Ölwanne auslaufen lassen. Auslaufzonen sind auch ein Politikum: Wenn Rennfahrer auf einer bestimmten Rennstrecke aus irgendwelchen Gründen nicht mehr fahren wollen, dann bemängeln sie die zu kleinen Auslaufzonen. Wenn man ihnen genug Geld zahlt, dann fahren sie jedoch auch auf Rennstrecken, die überhaupt keine Auslaufzonen zu bieten haben (siehe auch Monte Carlo).

Avus Lateinisch für Großvater; geplante Altherrenwertung in der DTM (siehe dort) – da jedoch die meisten DTM-Teilnehmer ohnehin schon Großvater sind, wurde der Avus-Plan wieder aufgegeben.

Auslaufrunde

Beifahrer

...ICH KANN DEIN GELABER VON WEGEN „ALLEIN-ERZIEHENDER VATER" NICHT MEHR HÖREN!
19

B

Balestre, Jean-Marie
Gründer und erster Präsident der FISA, oberster aller Funktionäre; nach seiner faktischen Entmachtung durch Bernie Ecclestone wurde der Plan für die französische Grand-Prix-Strecke „Circuit Balestre“ fallengelassen – statt dessen prangt nun am Eingang der renovierten Pissoires des Fahrerlagers von Le Mans ein Schild mit den Initialen JMB.

Beifahrer
In Neudeutsch auch Copilot genannt. Gibt es nur bei Motorsportarten, die mit Navigieren verbunden sind (Rallyesport), oder die mit Fahrzeugen betrieben werden, die ohne zweite Person konstruktiv sinnlos wären (Gespannrennen). Im ersten Fall braucht der Beifahrer einen überdurchschnittlichen Intelligenzquotienten (schließlich muß er den Weg finden) und wird „Franzer“ genannt, im zweiten Fall nennt man ihn „Schmier-Maxe“, und ein hoher IQ wäre eher hinderlich (schließlich hilft Phantasielosigkeit, die Angst zu überwinden).

Benetton
Italienischer Strickwaren-Konzern, der in den letzten Jahren durch geschmacklose Werbung auffällt und die dadurch entstehenden Umsatzeinbußen durch das Vermieten von Werbeflächen auf Rennwagen an Zigarettenkonzerne und Brauereien ausgleicht.

Berger, Gerhard
Ewiger Nachwuchs-Formel-1-Fahrer, dessen Popularität unabhängig von seiner Erfolgsbilanz durch das seit Jahren ungebrochene Interesse österreichischer Motorsportmagazine an seiner Person gesichert ist.

Bergrennen	Rennen für Fahrer, denen es bei Rundstreckenrennen vom Im-Kreis-fahren schwindelig wird – es geht den Berg hinauf und fertig. Manchem ist es allerdings dann oben auf dem Berg von der Höhe schwindelig geworden, vor allem auf den Widowmakers (siehe dort).
BMW	Graffito, das man auf allen Rennstrecken-Toiletten Europas findet – es geht die Sage, daß es „Balestre muß weg!" heißt und vor Jahren von Bernie Ecclestone in den Putz gekratzt wurde.
Boxen	Englisch Pits. Überdachte Stellplätze am Rande einer Rennstrecke, wo die Mechaniker während eines Rennens darauf warten, Defekte an den Fahrzeugen ihres Teams in einem Tempo zu beheben, das ihnen immer wieder Ärger mit den Arbeitnehmervertretern der Auto- und Zweirad-Mechaniker einhandelt.
Boxengasse	Englisch Pitlane. Ursprünglich eingerichtet, damit die Rennfahrer während des Rennens und des Trainings ihre Box ansteuern können. Heute wichtige Flaniermeile für Sponsoren, Groupies, Funktionäre, Fotografen und andere wichtige Leute mit Sonderausweisen.
Brabham, Jack	Einziger Formel-1-Fahrer, der Weltmeister mit einem Eigenbau-Auto wurde; als Brabham vom Rennenfahren die Nase voll hatte, gründete er seinen eigenen Rennstall und ließ seine drei Söhne fahren.
Brands Hatch	Englisch für „Da brennt die Hecke!"; Synonym für ein spannendes Rennen. Wird heute kaum gebraucht, denn langweilige Rennen gibt es nicht mehr (siehe Pace Car).

Boxen
NORMAL? SUPER? DIESEL? BLEIFREI? ODER WAS?
WUSCH

BRM

Englisches Formel-1-Auto der sechziger Jahre, das für häufige Defekte bekannt war (**B**ritish **R**acing **M**onster) – Graham Hill sagte damals „Wenn du von deinen eigenen Hinterrädern überholt wirst, dann weißt du: Du sitzt in einem BRM."

Burn out

Sprich „Börn Aut".
1. Provoziertes Durchdrehen der Antriebsräder eines Fahrzeugs im Stand; spektakuläre Aktion mit viel Gummirauch und Lärm, die vor allem beim Drag Race zum Anheizen der Reifen und des Publikums genutzt wird.
2. Ebbe in der Kasse eines Rennteams; unangenehmer Zustand, der vor allem im Grand-Prix-Sport von anderen Teams zum Abwerben von Fahrern und Sponsoren genutzt wird.

C

Cockpit

Der Kampfplatz beim Hahnenkampf; daß auch der Fahrerplatz eines Rennautos so genannt wird, kann nur mit dem Balzverhalten erklärt werden, das bei den meisten Männern einsetzt, sobald sie hinter dem Steuer sitzen.

Comeback

Rücktritt vom Rücktritt (siehe dort); wichtiger Bestandteil der PR-Strategie erfolgreicher Grand-Prix-Fahrer.

Curbs

Sprich „Körbs"; Randsteine in den Kurven der Rennstrekken, die dafür sorgen, daß sich die Rennautos beim Schneiden der Kurven nicht die Reifen beschmutzen und daß gestürzte Motorradfahrer die Zuschauer mit spektakulären Überschlägen unterhalten.

Comeback

D

Daytona Beach

Beliebter Badeort in Florida, der jährlich von Tausenden amerikanischer Studenten und Rentner besucht wird – obwohl Auto- und Motorradrennen gelegentlich die Idylle trüben.

Drag Racing

In USA erfundenes Beschleunigungsrennen über eine schnurgerade Strecke von 400 Metern Länge. Das Gegenteil der Rallye Paris-Dakar: Die Rallye dauert drei Wochen, ein Drag-Race zehn Sekunden. Die Amerikaner waren schon immer der Meinung, daß das Drumherum einer Sportveranstaltung am meisten Spaß macht: Deshalb erfanden sie den Drag Strip (siehe dort).

Drag Strip

Strip Tease auf der Drag-Rennstrecke. Da Drag Races von sehr kurzer Dauer sind, werden die Zuschauer vorher und nachher mit Show-Einlagen unterhalten.

Drehzahlmesser

Im Cockpit vieler Rennfahrzeuge das einzige Instrument, das dem Fahrer Informationen über den Motor vermittelt. Diese karge Bestückung rührt daher, daß die meisten Motorsportler mit einem Mehr an Informationen völlig überfordert wären.

Drift

Aus der Seefahrt: Das Abweichen vom eingeschlagenen Kurs durch Strömung oder Wind. Im Rennsport das Abweichen vom eingeschlagenen Kurs in Kurven durch die Zentrifugalkräfte, also das Rutschen des Fahrzeuges in die kurvenäußere Richtung. Auch Slide genannt (siehe dort). Die Zuschauer haben so viel Freude an Drifts, weil sie immer erwarten, daß die Rennfahrer dort enden, wo ihre ei-

Drag Racing

Egoismus

genen Drift-Versuche endeten: im Straßengraben oder an der Leitplanke.

DTM

Deutsche **T**ourenwagen **M**eisterschaft. Eine international bekannte und beliebte Rennserie, die deshalb so prächtig gedeihen kann, weil
1. die Zuschauer ihre eigenen Autos auf der Rennstrecke fahren sehen und
2. Bernie Ecclestone noch nicht seine Finger im Spiel hat.
Zu 1. Sind die naiv! Zu 2. Oder hat er doch?

E

Ecclestone, Bernie

„Der Krake". Der große Zampano des internationalen Motorsports. Zuerst versuchte sich Ecclestone ohne Erfolg als Rennfahrer, dann mit ordentlichem Erfolg als Teamchef, heute gehören ihm die Formel 1, die Motorrad-Weltmeisterschaft, diverse Rennställe und Rennstrecken und so ziemlich alles, was im Rennsport Geld abwirft. Das erklärte Ziel des Briten sind zuschauerfreie Grands Prix mit TV-Übertragungen in alle Welt (siehe auch TV).

Egoismus

Bei Rennfahrern am stärksten ausgeprägte Charaktereigenschaft. Sie gipfelt darin, daß sich diese Herren nicht nur die Autos und Sponsorverträge, sondern auch Ehe- und sonstige Frauen gegenseitig wegzuschnappen versuchen.

Eierbecher

Schützen die edelsten Körperteile des (männlichen) Motorsportlers und geben ihm im engen Overall ein besonders maskulines Aussehen (siehe auch Helm).

Einschaltquoten

Der heutige Maßstab für den Erfolg einer Motorsportveranstaltung. Wieviele Leute ihr ganzes Wochenende opfern, um ihre Stars live auf der Rennstrecke zu erleben, ist unwichtig; was zählt, ist die Zahl jener, die den Fernseher anschalten und vor dem laufenden Gerät noch schnell ein Kreuzworträtsel lösen oder ein Nickerchen halten, bis das blöde Rennen endlich vorbei ist und die Bundesliga-Übertragung beginnt.

Eisrennen Probate Methode für Hard-Core-Motorsportler, die veranstaltungsfreie Zeit während des Winters zu überbrücken. In Ermanglung zugefrorener Seen beschränkt sich dieser Sport hierzulande auf Motorradrennen in Eisstadien. Der Versuch, Eisrennen mit Hilfe eines großen Sponsors aus der Speiseeisbranche populärer zu machen, scheiterte bislang am Desinteresse von Langnese und Schöller, die behaupten, im Winter keine Umsätze zu machen.

Eurosport Lieblings-Fernsehsender aller Motorsport-Fans; leider nur über Kabel oder Satellit zu empfangen. Gegen eine terrestrische Ausstrahlung der Eurosport-Beiträge wehren sich der Deutsche Fußball-Bund und der Deutsche Tennis-Bund, weil sich dann herausstellen könnte, daß Motorsport höhere Einschaltquoten bringt als Fußball und Tennis.

F

Fahrerlager Englisch Paddock; ursprünglich der Sattelplatz. Früher eine eingezäunte Wiese, auf der sich die Rennfahrer und ihre Helfer mit Zelten und Wohnwagen häuslich einrichteten. Heute das Allerheiligste der Rennstrecke, wo die Teams mit der Größe ihrer abgestellten Sattelzüge und Wohnmobile wetteifern, die Sponsoren geladene Gäste mit

Eisrennen

Champagner und Kaviar verwöhnen und sich die Rennfahrer auch ab und zu sehen lassen, weil es ja letztlich ganz ohne sie nicht geht. Normalsterblichen ist der Zutritt zum Fahrerlager streng verboten – es sei denn, sie sind bereit, mehrere Hunderter für eine Paddock-Karte hinzublättern.

Fangio, Juan Manuel Mit fünf WM-Titeln in den fünfziger Jahren erfolgreichster Formel-1-Pilot aller Zeiten. Der Argentinier war auch mit seiner Karrierestrategie Vorbild für moderne Grand-Prix-Fahrer; indem er schneller den Rennstall wechselte (zwischen Alfa Romeo, Maserati, Mercedes und Ferrari), als seine Konkurrenten dort groß werden konnten.

Farina, Giuseppe Erster Sieger eines Formel-1-Grand Prix, erster Formel-1-Weltmeister, großer Frauenheld. 4711 benannte später ein Parfüm nach dem Italiener, das heute immer noch besonders alte Damen zum Leben erweckt.

Fehlstart Bei Rennfahrern beliebte Methode, sich beim Start eines Rennens gleich ein paar Zehntelsekunden Vorteil zu verschaffen. Wird der Pilot danach vom Rennleiter bestraft, wird er als unbeherrschter Dummkopf gescholten; bleibt er ungeschoren, bewundert die Szene seine Cleverness.

Ferrari 1. Produzent knallroter Männerspielzeuge für Formel-1-Piloten, Fußball-Profis, Zuhälter und andere Millionäre, die glauben, es sich leisten zu können.
2. Mit mehr als 100 Grand-Prix-Siegen das erfolgreichste Formel-1-Team aller Zeiten. Das Rezept: Andere Werke nehmen an der Formel 1 teil, um Autos verkaufen zu können, Ferrari verkauft Autos, um an der Formel 1 teilnehmen zu können.

Fehlstart

Fitneß

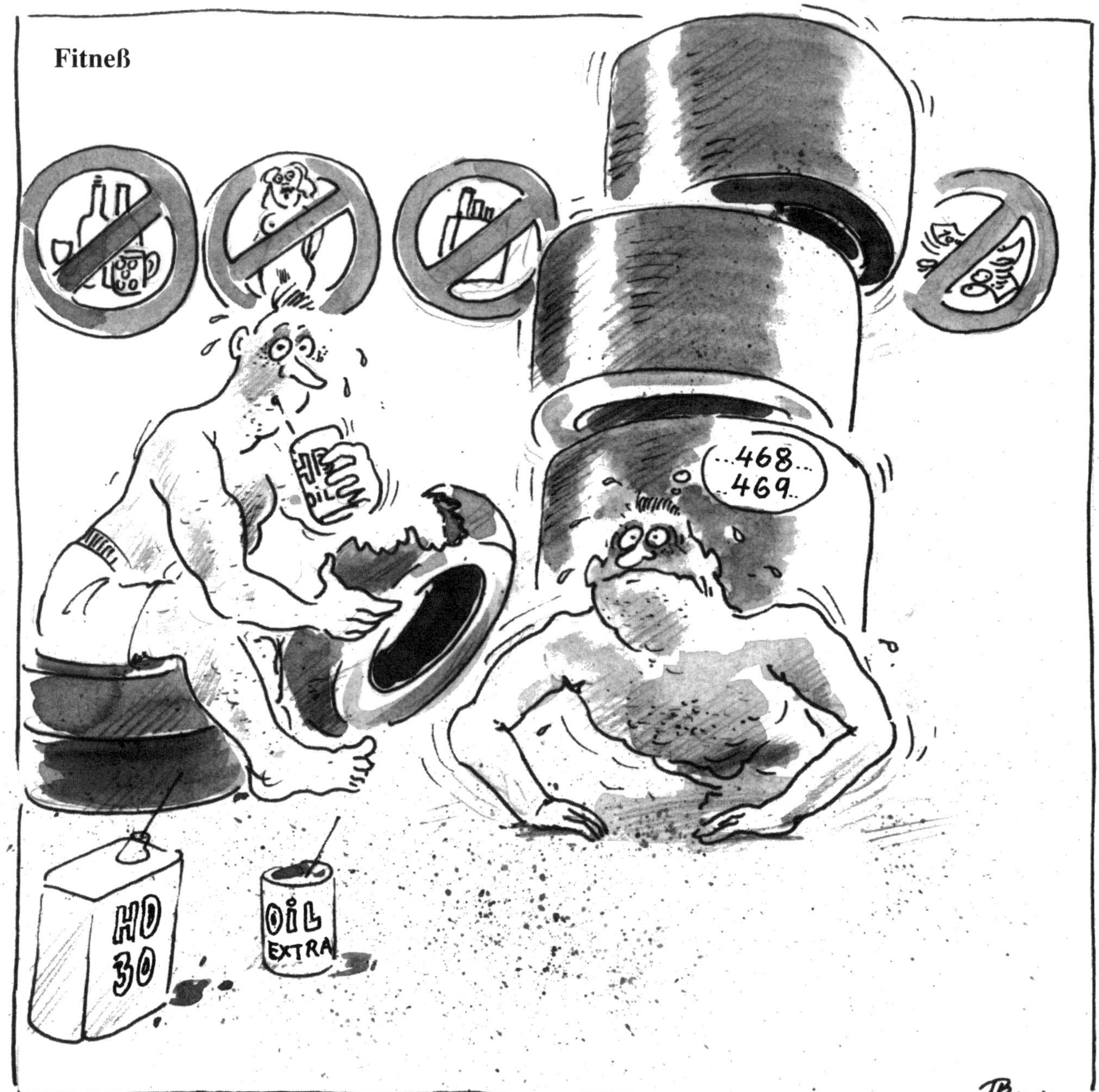

FIA	**F**ederation **I**nternationale de l'**A**utomobile, internationaler Automobilverband; Sitz in Paris. Der Funktionärs-Olymp der Auto-Welt.
Fiat	Italienische Industrienorm: **F**ehler **i**n **a**llen **T**eilen.
FIM	**F**ederation **I**nternationale de **M**otocycliste, internationaler Motorradverband; Sitz in Genf. Der Funktionärs-Olymp der Motorrad-Welt. Wahlspruch: Pro Virtute et Scientia = Für Tugend und Wissen. Jeder strebe nach dem, woran es ihm mangelt.
FISA	**F**ederation **I**nternationale du **S**port **A**utomobile, internationale Automobilsportbehörde; Unterorganisation der FIA, Sitz in Paris. Die FISA beschäftigt sich mit Sportgesetzen und Terminkalendern – doch was gemacht wird, bestimmt Bernie Ecclestone.
Fitneß	Etwas, das die meisten Motorsportler nur vom Hörensagen kennen. Selbst die Spitzensportler interessieren sich nur dann für Diät- und Trainingsprogramme, wenn sie durch ihr Übergewicht die Arbeit der Motorentuner wieder zunichte machen. Wie sonst hätte auch mit James Hunt ein Kettenraucher Formel-1-Weltmeister werden können, der nie ein Fitneßstudio von innen sah.
Flaggen	Dienen den Streckenposten dazu, den Rennfahrern Zeichen zu geben. Die einzelnen Flaggen haben folgende Bedeutung und werden von den Fahrern meist wie folgt interpretiert: Gelbe Flagge: Achtung Gefahr, Tempo verlangsamen, Überholverbot. „Diese blöde Gelb-Grün-Krankheit! Ich glaube, ich muß doch mal zum Augenarzt gehen.“

Flügel

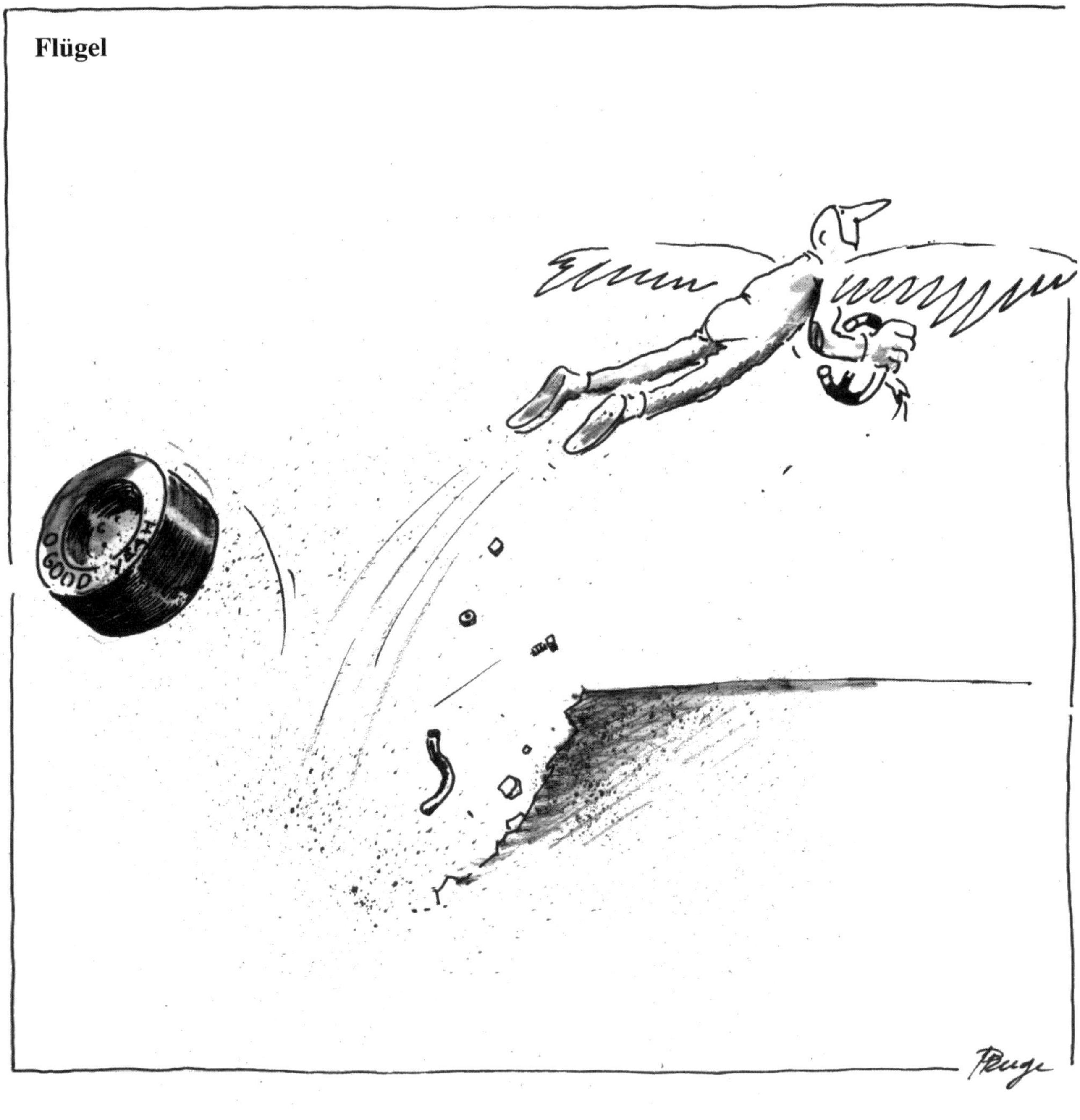

Grüne Flagge: Gefahr vorüber, freie Fahrt. „Diese Fundamentalisten, jetzt demonstrieren die schon an der Rennstrecke!“
Gelbe Flagge mit roten Streifen: Achtung, Öl auf der Strecke. „Wer hat denn die Katalanen über die Absperrung gelassen?“
Weiße Flagge: Krankenwagen auf der Strecke. „Aha, die ersten Gegner kapitulieren!“
Blaue Flagge: Konkurrent will überholen. „Ich mag diese Ligier-Fans nicht mehr sehen!“
Schwarze Flagge mit Nummer: Der Fahrer mit der betreffenden Startnummer muß in der nächsten Runde in die Boxengasse zum Rennleiter. Je nach Startnummer: „Hi, hi, jetzt haben sie ihn!“ oder „Schwarze Flagge? Welche schwarze Flagge?“
Rote Flagge: Das Rennen ist abgebrochen. „Da haben wir's, die Kommunisten sind wieder da!“
Schwarz-weiß karierte Flagge: Das Rennen ist beendet. Je nach Position „Juchu!“ oder „Scheiße!“

Flügel

1. Flächen an einem Rennfahrzeug, die den Abtrieb, also den Anpreßdruck auf die Fahrbahn erhöhen.
2. Flächen an einem Engel; kommen bei Rennfahrern weder im Diesseits noch im Jenseits vor, denn sie sind alle keine Engel.

Fly-on-wire

Sprich „Flei on weier“.
1. Flieger-Idiom: Bedienung der Aggregate eines Flug- oder Fahrzeuges auf elektrischem Wege über Stellmotoren statt, wie üblich, auf mechanische Weise über Gestänge und Seilzüge. Hat den Vorteil, daß Computer die Befehle des Piloten überwachen und gegebenenfalls korrigieren

(oder auch ersetzen) können. Diese Methode könnte den Formel-1-Sport zukünftig wesentlich verbilligen, weil die Teams dann keine teuren Star-Piloten mehr bräuchten.
2. Präparator-Begriff: Das Ausstellen ausgestopfter Insekten an dünnen Drähten, das dem Betrachter die Illusion vermittelt, das Tier würde fliegen.

FOCA **F**ormula **O**ne **C**onstructor **A**ssociation. Vereinigung der Formel-1-Konstrukteure. Die stärkste Kraft im Formel-1-Sport; Präsident Bernie Ecclestone (siehe dort). Der Wahlspruch der FOCA lautet „**F**or **o**ur **c**onvenience **a**lone“, also „Allein zu unserem Vorteil“.

Ford Noch recht unbekanntes skandinavisches Formel-1-Team: **F**ormula **O**ne **R**acing **D**enmark.

Formel 1 Wichtigste Klasse im Auto-Rennsport, die seit 1950 existiert und deren Rennen bei den Zuschauern trotz Bernie Ecclestone immer noch die beliebtesten nach der DTM (siehe dort) sind.

Führerschein Früher die Voraussetzung, überhaupt Motorsport betreiben zu dürfen. Heute im Rennsport absolut unwichtig – Formel-1-Piloten dürfen selbst dann weiter Rennen fahren, wenn ihnen der Führerschein wegen Rowdytums im Straßenverkehr entzogen wurde.

Funktionäre Wie in allen anderen Sportarten auch im Motorsport die wichtigsten und mächtigsten Menschen überhaupt. Das größte Verdienst Bernie Ecclestones ist, daß er die Funktionäre der FISA und der FIM entmachtet hat. Der größte Fehler des Motorsports ist, daß Ecclestone nun allmächtig ist.

Funktionäre

Grenzbereich

G

Gebetbuch Der in Texte und Symbole gefaßte Streckenverlauf einer Rallye („...jetzt 300 Meter geradeaus, dann rechts im Dritten voll, Kuppe nach 50 Metern und 90 Grad links im Ersten...“); während der Rallye liest der Beifahrer dem Fahrer unentwegt aus dem Gebetbuch vor, damit sie sich nicht verfahren und nicht zum abendlichen Festbankett ihres Sponsors zu spät kommen.

Gespannrennen Rennen von Motorrädern mit Seitenwagen. Motorradgespanne gibt es im heutigen Straßenverkehr genauso selten wie Pferdegespanne – entsprechend ist das Publikumsinteresse. Die Zuschauer nutzen das Gespannrennen meist zum Aufsuchen der Toilette. Dank des internationalen Artenschutzabkommens blieb die Gespannklasse trotzdem bis heute erhalten.

Grand Prix Großer Preis; Früher bezeichnete dieses Prädikat den (einzigen) Weltmeisterschaftslauf eines Landes; heute darf jedes Land so viele Grands Prix ausrichten, wie es Bernie Ecclestone beliebt, und „Großer Preis“ steht für hohe Eintrittspreise.

Grenzbereich Die schmale Spanne der Kurvengeschwindigkeit zwischen Slide und Abschmieren; nur eine Handvoll Rennfahrer beherrscht den Grenzbereich, aber alle Motorsportler reden ständig darüber.

Grip Haftung zwischen Reifen und Fahrbahnoberfläche; auch Seitenführungskraft der Reifen. Rennfahrer, die unerwartet schlecht abschneiden, führen dies immer auf Mangel an

Motorleistung oder fehlenden Grip zurück. Manchmal liegt es aber auch am Mangel an Motivation (siehe dort).

Ground Effect

Sprich „Graund Ifekt".
1. Die Kraft, mit der ein Rennwagen durch aerodynamische Hilfsmittel wie Flügel, Spoiler und Schürzen auf den Boden gedrückt wird. Je höher diese Kraft, um so höher sind die möglichen Kurvengeschwindigkeiten.
2. Die Kraft, mit der ein Rennfahrer durch finanzielle Belastungen wie Schulden und Hypotheken zu Boden gedrückt wird. Je höher diese Kraft, desto niedriger sind seine Kurvengeschwindigkeiten.

Groupies

Weibliche Fans der männlichen Rennfahrer, die ihre Stars nicht nur anhimmeln, sondern sich auch mit vollem körperlichen Einsatz um ihr Wohlergehen kümmern. Im vergangenen Zeitalter der stattlichen, attraktiven GP-Haudegen mußten die Team-Chefs dafür Sorge tragen, daß ihre Fahrer nicht zu sehr von Groupies bedrängt und beansprucht wurden. Im heutigen Zeitalter der leichtgewichtigen, farblosen Profi-Piloten mieten die Teamchefs bei einschlägigen Agenturen aufreizende Groupies, um das Image ihrer Fahrer zu pflegen und die Box des Teams zu schmükken.

GT

Rennklasse für zweitürige Autos im klassischen Sportwagen-Stil. GT steht für Grand Tourisme (Große Tourenwagen) – irgend jemand muß da was falsch verstanden haben, oder?

Groupies

H

Hailwood, Mike	Einer der erfolgreichsten Motorrad- und Autorennfahrer aller Zeiten (neunmal Weltmeister in den sechziger Jahren); ein Mann, der kein Risiko scheute – auch nicht das der Tourist Trophy (siehe dort); der Engländer verunglückte 1981 tödlich beim Brötchenholen.
Helm	Schützt das edelste Körperteil eines Motorsportlers – siehe auch Eierbecher. Besonders beliebt sind Helme mit dunklem Visier, weil dann niemand die Angst im Gesicht des Rennfahrers sehen kann.
Herrenfahrer	Früher der ideale Grand-Prix-Rennfahrer: genauso attraktiv wie mutig, charmant und trinkfest. Der ideale Fahrer aus heutiger Sicht der Sponsoren und Teamchefs: genauso leichtgewichtig wie anpassungsfähig, analytisch und asketisch. Und dann beklagen sie, daß es im Rennsport heutzutage keine Charakterköpfe mehr gibt und Groupies heutzutage für ihren Job noch Geld verlangen.
Hesketh, Lord Alexander	Ebenso verrückter wie korpulenter britischer Adeliger, der mit seiner Motorradfabrik genauso erfolglos war wie mit seinem Formel-1-Team: 52 Starts, ein Sieg. Hat sich auf seinen Landsitz zurückgezogen und pflegt seine Leibesfülle nach dem Motto „No sports but motorsports“.
Hill, Damon	Britischer Formel-1-Pilot der ebenso verbissen versucht, Weltmeister zu werden, wie er bemüht ist, aus dem Schatten seines Vaters Graham Hill zu treten. Mein Tip: Vielleicht sollte er sich zuerst einmal ein anderes Helm-Design als das seines Papas einfallen lassen.

Herrenfahrer

Hosenträgergurt

Hill, Graham	Draufgängerischer Formel-1-Pilot, der in den sechziger Jahren zweimal auf so berüchtigten Autos wie BRM und Lotus Weltmeister wurde. Trotzdem starb er nicht beim Rennen, sondern bei einem Flugzeugabsturz.
Hockenheim	Kleinstadt bei Mannheim, die für ihren Spargel und für niedrige Mieten (wegen der Lärmbelästigung durch die Rennstrecke am Stadtrand) bekannt ist.
Hosenträgergurt	Doppeltes Hosenhaltesystem (Hosenträger plus Gürtel) für die Beifahrer besonders temperamentvoller Rallye-Piloten – „Der fährt, da zieht's dir die Hosen aus!"
Hunt, James	Langhaariger, lebenslustiger Formel-1–Weltmeister von 1976, der Frauen, Autos, Alkohol und Zigaretten liebte (in dieser Reihenfolge) und für seine kernigen Sprüche bekannt war. Von ihm stammt der Satz „Sex ist das beste Frühstück des Rennfahrers." Der Brite starb, wie bei seinem Lebenswandel zu befürchten, durch einen Herzinfarkt.
Hupe	Eines der Autobauteile, die in Rennwagen gar nicht erst eingebaut werden. Andernfalls würden alle Teilnehmer eines Rennens ihre Überholabsichten durch ständiges Hupen kundtun, und die Rennveranstalter hätten noch mehr Probleme mit der Lärmbelästigung der Rennstrecken-Anlieger.

Indianapolis

I

Ickx, Jacky Der erfolgreichste Sportprototypen-Fahrer und einer der vielseitigsten Rennfahrer aller Zeiten; der Belgier fuhr jeweils mehrere Jahre erfolgreich Motorradrennen, Sportwagen, Rallye, Langstreckenrennen, Bergrennen, Formel 3, Formel 2, Formel 1 und Wüsten-Rallyes einschließlich Paris-Dakar. Vermutlich wird man ihm im Pensionsalter die Lizenz entziehen und ihn aus dem Auto zerren müssen.

Imola Stadt bei Bologna, die für ihren reizenden Park mit wertvollen alten Bäumen berühmt ist. Naturschutzorganisationen haben deshalb bislang verhindert, daß die durch den Park verlaufende Rennstrecke sicherer gestaltet werden konnte. Traurige Berühmtheit erlangten vor allem die Senna-Eichen.

Indianapolis Verschlafenes Nest im US-Staat Indiana, dessen Population sich alljährlich kurzzeitig verdoppelt, wenn auf der örtlichen Rennstrecke das 500-Meilen-Rennen, die bekannteste und bestbesuchte Rennveranstaltung der USA, ausgetragen wird. Darüber, warum die Amerikaner es lieben, wenn fünfzig Autos stundenlang auf einem Kurs hintereinander herjagen, der aus einem Rechteck mit abgerundeten Ecken besteht, gibt es nur Vermutungen (siehe unter Indy-Rennen). Aber es muß schon etwas Besonderes daran sein, die römischen Wagenrennen liefen schließlich ähnlich ab.

Indianapolis-Start Nach den 500 Meilen von Indianapolis genannter fliegender Start, bei dem das Starterfeld hinter dem Startwagen eine Einführungsrunde fährt, bevor dieser durch Ausscheren die Strecke freigibt. Diese Methode hat – aus der Sicht der bestmöglichen Show – den Vorteil, daß Startunfälle besonders spektakulär ablaufen (weil alle Fahrzeuge schon beim Start recht schnell sind), aber meist keine schweren Folgen haben (weil kein Fahrzeug durch Motorabsterben oder Kupplungsdefekt stehenbleiben kann).

Indy-Rennen Nach der Rennstrecke in Indianapolis genannte amerikanische Rennserie, bei der die Rennstrecken meist nur aus einem Oval bestehen – das hat den Vorteil, daß sich die besseren Fahrer nicht so leicht von den schlechteren absetzen können, was die Rennen spannender und die Unfälle spektakulärer macht. Wenn gar nichts mehr hilft, schickt der Rennveranstalter den Pace Car (siehe dort) ins Rennen.

J

Jarama Madrilenische Margarinesorte.

Jerez Andalusischer Wein.

K

Kart Früher auch Go Kart genannt; kleine Rennwagen ohne Karosserie und ohne Federung, zuerst von Rasenmäher-, heute meist von Motorradmotoren angetrieben. Erfinder: **G**ustav **O**tto Kart, der im elterlichen Garten eine Rundstrecke für den Aufsitzmäher angelegt hatte und gegen die Angestellten des benachbarten Gartenbauamtes Rennen fuhr. Die meisten heutigen Grand-Prix-Fahrer haben auf Karts

Kart

Kreis, im ~ fahren

ihre ersten Lorbeeren geerntet – einige von ihnen scheinen aber noch nicht begriffen zu haben, daß ein Formel-1-Auto ein bißchen gefährlicher ist.

Kiesbett

Traum aller Rennfahrer, so viel Kies verdient zu haben, daß sie morgens im Bett bleiben können, statt zum Training auf der Rennstrecke zu fahren.

Kocinski, John

„Little John". Einer der talentiertesten Motorradrennfahrer der Gegenwart, der sich jedoch mit seiner unterdurchschnittlichen Intelligenz immer wieder lächerlich macht. Ein Beispiel: Nach der Zieldurchfahrt des spanischen Grand Prix griff sich der Ami die Ölwarnflagge eines Streckenposten und drehte damit eine Ehrenrunde – er hielt die Fahne für die spanische Nationalflagge.

Kohlefaser

Angeblich das widerstandsfähigste Material für Helme und Karosserien; wird wegen der Abschaffung des Kohlepfennigs aber zukünftig kaum mehr zur Anwendung kommen.

Kreis, im ~ fahren

Lieblingsbeschäftigung der meisten Motorsportler – manche von ihnen fahren 24 Stunden lang, ohne irgendwo anzukommen. Niki Lauda trat einst zurück, weil er es „leid war, immer im Kreis zu fahren", trat aber bald vom Rücktritt zurück, als er merkte, daß es einen ursächlichen Zusammenhang zwischen der Anzahl der gefahrenen Kreise und dem verdienten Geld gibt.

Kupplungsstart

Start eines Rennens mit stehenden Fahrzeugen und laufenden Motoren; beliebt bei den Zuschauern, weil spektakulär mit laut heulenden Motoren, durchdrehenden Reifen und stinkenden Kupplungen; unbeliebt bei den Mechanikern,

Laster

weil nach jedem Start eine neue Kupplung eingebaut werden muß.

L

Lamborghini	Italienisches Weingut.
Lancia	Sprich „Lantscha"; italienisch für die Lanze, die dieses Buch für den Motorsport brechen will.
Langstreckenrennen	Ursprünglich Rennen über eine Dauer von 24 Stunden ohne Schlaf- oder Ruhepausen. Heute werden allerdings schon Rennen von vier Stunden Dauer oder 500 Kilometern Distanz zu den Langstreckenrennen gezählt; außerdem haben die Fahrervertreter durchgesetzt, daß sich auf einem Fahrzeug bis zu vier Fahrer abwechseln dürfen (bei vollem Lohnausgleich). Wie alle sozialen Maßnahmen hat auch diese zu Schwarzarbeit geführt: Viele Fahrer nehmen an einem Rennen auf mehreren Autos teil. Die Zuschauer merken von dem Betrug in der Regel nichts, da sie bei einem Langstreckenrennen eh nach spätestens einer Stunde den Überblick verloren haben und sich dem aus diesem Grunde am Streckenrand aufgebauten Vergnügungspark zuwenden.
Laster	1. Lkw zum Transport des Rennwagens: Wer den größten Laster im Fahrerlager zur Schau stellt, der genießt das größte Ansehen. 2. Schlechte Angewohnheit: Wer das größte Laster im Fahrerlager zur Schau stellt, der genießt das größte Ansehen.
Lauda, Niki	Durch einen Feuerunfall auf dem Nürburgring im Gesicht entstellter, nun aber auch nicht mehr alternder österreichi-

scher Ex-Rennfahrer. Unter seinen Fans gibt es viele Nachahmungstäter, die nach dem Motto „Wer fährt wie Niki Lauda, soll auch aussehen wie Niki Lauda!“ ihre restlichen Haare und Ohren unter Parmalat-Mützen verstecken.

Lawson, Eddie „Steady Eddie“. Vierfacher Motorradweltmeister, der seinen Spitznamen seiner scheinbar kontinuierlichen Form und Leistung verdankt – in Wirklichkeit gehört der Amerikaner zu den Piloten, die nie schneller fahren, als zum Gewinnen nötig ist.

Lederkombi Im Unterschied zu allen anderen Motorsportlern tragen Motorradrennfahrer immer noch Rennoveralls aus Leder. Natürlich gibt es längst Kunststoffkombis, die ebenso viel Sicherheit zu bieten haben, aber die Groupies schätzen halt den Geruch von männerschweißgetränktem Leder.

Le Mans Kleinstadt im Nordwesten Frankreichs, die seit 1923 jährlich die Landstraßen der Umgebung für ein 24-Stunden-Rennen freigibt.

Le Mans-Start Start, bei dem die Fahrer zuerst quer über die Rennstrecke zu ihren Fahrzeugen laufen müssen; vornehmlich bei Langstreckenrennen übliche Methode, die immer seltener angewendet wird, weil oftmals Fahrer ihre Fahrzeuge verwechseln oder der Laufstrecke konditionell nicht gewachsen sind.

Leitplanken Auf Rennstrecken mit ungenügenden Sturzräumen und Auslaufzonen schützt man gefährdete Objekte – wie die Bäume in Imola und die Häuser in Monte Carlo – mit Leitplanken vor Beschädigung durch verunfallende Autos. Von Rennfahrern „Leidplanken“ genannt.

Lederkombi
'NE LEDERKOMBI WÄR JA GERADEZU FÜR DIE KATZ!

Ligier, Guy	Cleverer Geschäftsmann; als er merkte, daß er als Formel-1-Pilot keinen Blumentopf gewinnen konnte, gründete der Franzose seinen eigenen Rennstall; als auch der nicht besonders erfolgreich war, verkaufte er ihn an Benetton (siehe dort).
Lizenz	Erlaubnisschein zur Teilnahme an Motorsportveranstaltungen, nach Sportarten und Veranstaltungsprädikaten gestaffelt; werden von FISA und FIM erteilt (siehe dort). Früher wurden Lizenzen nach den Erfolgen des Sportlers vergeben, heute nach dem aufgebrachten Sponsorgeld und den persönlichen Beziehungen zu Bernie Ecclestone.
Lola	Das bekannteste Groupie der Formel-1-Szene; hat bald alle Fahrer und Teams durch und steht (altersbedingt) vor dem Ende seiner Karriere.
Lombardi, Lella	Tochter eines Salami-Herstellers und mit einem sechsten Platz Mitte der siebziger Jahre bislang erfolgreichste Formel-1-Pilotin. Die Italienerin entwickelte die sogenannte Salami-Taktik: sich von jedem Konkurrenten eine Scheibe abschneiden.
Long Beach	Langer Strand bei Los Angeles. Zum Rennenfahren denkbar ungeeignet.
Lotus	Kleines britisches Automobilwerk, das schon mindestens so viele Rennwagen zerstört wie Serienautos produziert hat; in der Formel 1 bekannt für revolutionäre Ideen und Leichtbau, aber berüchtigt für Defekte und Unfälle.
Ludwig, Klaus	„König Ludwig“. Erfolgreichster Fahrer der DTM (siehe dort). Wegen seiner gemütlichen Ausstrahlung und seines

Lizenz

Bierbäuchleins besonders beliebt bei Sponsoren aus der Brauerei-Branche.

Luftwiderstand Die Geschwindigkeit eines Fahrzeuges hemmende Kraft; hängt von der Frontfläche sowie vom Luftwiderstandsbeiwert (c_w) des Fahrzeugs ab und steigt mit dem Quadrat der Geschwindigkeit. Die Kenntnis dieses Zusammenhanges ist ganz lehrreich: Begrenzt das Reglement die Motorleistung für eine bestimmte Rennklasse, muß der Konstrukteur nur den Luftwiderstand senken, und sein Fahrzeug ist wieder so schnell wie zuvor.

M

Mang, Anton Bayrischer Motorradrennfahrer mit Musterkarriere vom Mechaniker zum fünffachen Weltmeister; wegen seiner Volksverbundenheit „Toni" genannt; bekannt für seinen Dickkopf: Als seine Heimatstadt eine Straße nach ihm benannte, die Bürgermeistertochter ihn aber trotzdem nicht mehr wollte, zog er um ins Nachbardorf.

Mansell, Nigel Britischer Autorennfahrer mit Musterkarriere vom Mechaniker zum Formel-1-Weltmeister; wegen seines Kampfgeistes „der Löwe" genannt; bekannt für seinen Dickkopf: Als ihm das britische Wetter zu naß und die Formel-1-Szene zu affig wurde, wanderte er nach Florida aus und fuhr zwei Jahre lang Indy-Rennen (siehe dort).

March 1. Der dritte Monat des britischen Kalenders.
2. In den siebziger Jahren populäre Schlagersängerin aus England mit dem Vornamen Peggy.

Luftwiderstand
EH, WIE STEHT'S MIT DER LUFTWIDERSTANDSVERMINDERUNG?
PRuge

Massenkarambolage

3. Was macht dieses Wort eigentlich in diesem Wörterbuch?

Markenpokal	Gelingt es einer Firma x nicht, in einer der zahllosen Kategorien und Klassen werbewirksame Rennerfolge zu erzielen, dann schafft sie einfach eine neue Klasse, in der nur ein bestimmtes Fahrzeug der Marke x gefahren werden darf – schon sind spektakuläre Siege garantiert.
Maserati	In Italien verbreitete Kinderkrankheit bei Nagetieren. Kommt in Deutschland nur ganz selten vor.
Mass, Jochen	Deutsches Multitalent; unaufhaltbarer Aufstieg vom Sportprototypen- und Formel-1-Piloten über Hochseesegler und Ballonfahrer zum Formel-1-Kommentator bei RTL.
Massenkarambolage	Bei Zuschauern und Fernsehsendern beliebteste Unfallart unter Beteiligung des gesamten Starterfeldes; kommt besonders oft bei Indy-Rennen vor (siehe dort).
Mercedes	Automarke der Daimler-Benz AG. Es geht das Gerücht, der Markenname stamme von Señorita Mercedes Duque ab, einem Seitensprung Gottlieb Daimlers im Spanienurlaub. Man stelle sich vor, der Schwabe wäre während seiner Ferien in Holland mit Jufrouw Marijke Hartog fremdgegangen.
Mille Miglia	Italienisch für „tausend Meilen". Dreißig Jahre lang das längste Rundstreckenrennen der Welt (eine Runde = 1000 km) über öffentliche Straßen mit Start und Ziel in Brescia. Mitte der fünfziger Jahre kamen auch die Italiener auf den Trichter, daß Rundstreckenrennen um so vorteilhafter sind, je kürzer sie sind: Sie brauchen nicht so viel Platz, die Zu-

schauer sind leichter abzukassieren, und die Rennfahrer müssen nicht so viel auswendig lernen. Die Amerikaner haben es von Anfang an besser gemacht und lassen die Autos in einem Stadion im Kreis fahren – siehe Indy-Rennen.

Monocoque

Die Fahrgastzelle eines Rennwagens; meist aus Blech oder Kunststoff, bei Formel-1-Wagen aus Kohlefaser (siehe dort). Mit einem Blechmonocoque verletzt man sich leichter, weil es weniger Sicherheit bietet. Mit einem Kohlefasermonocoque verletzt man sich leichter, weil man sich sicherer fühlt und mehr riskiert.

Monoposto

Einsitziger Rennwagen mit freistehenden Rädern (vom Kart bis zu Formel-1-Rennwagen). Mit geschlossener Karosserie und verkleideten Rädern wären dieselben Autos schneller und sicherer, aber die Monoposti genießen die größere Popularität. Sigmund Freud würde die Ursache in einem Seifenkisten-Komplex aus früher Kindheit suchen, Oswalt Kolle in einer exhibitionistischen Veranlagung der Piloten; tatsächlich aber wollen die Fahrer, daß ihr Helm zu sehen ist, damit sie ihn möglichst gewinnbringend als Werbefläche vermieten können.

Monte Carlo

Reizender Stadtstaat (Fürstentum Monaco) am Mittelmeer, der sich zu allem anderen als zur Veranstaltung eines Rennens eignet. Da der motorsportbegeisterte Fürst allen in Monte Carlo wohnhaften Formel-1-Rennfahrern die Steuern erläßt, nehmen die aus lauter Dankbarkeit einmal im Jahr an einem Grand Prix durch die Stadt teil. Damit die prachtvollen Häuser der Stadt bei Unfällen nicht beschädigt werden, schützt man sie während des Rennens mit

Monte Carlo

Motorradrennen

	Leitplanken (siehe dort). Die meisten Piloten verspielen die gewonnenen Geldpreise gleich wieder im Casino.
Monza	Stadt nahe Mailand mit einem bemerkenswerten Park und vielen unter Naturschutz stehenden Bäumen, die eine Verbesserung der Sicherheit der durch den Park verlaufenden Rennstrecke verhindern – besonders bekannt sind die Rindt-Eichen und die Trips-Buchen.
Moss, Stirling	Britischer Rennfahrer, der das Kunststück geschafft hat, mehr Geld zu verdienen als seine Kollegen und als einer der größten Motorsportler aller Zeiten zu gelten, obwohl er nie Weltmeister war. Für seine Geschäftstüchtigkeit gilt „Nomen est Omen". Moss heißt zu Deutsch Moos (Knete, Mäuse, Kohle), und der Vorname des Engländers ist gleichzeitig der Nachname des britischen Pfund.
Motivation	Bei Amateuren: Die Anzahl an Freunden und Bekannten, die beim Rennen zuschauen. Bei Profis: Die Höhe des vom Teamchef gezahlten Jahresgehaltes und der von den Sponsoren gezahlten Prämien.
Moto Cross	Sternzeichen am südlichen Abendhimmel, das an zwei gekreuzte Pleuelstangen erinnert.
Motorradrennen	In den Augen der meisten Fans eine Veranstaltung für verhinderte Autorennfahrer, deren Talent nicht für die Formel 1 gereicht hat. Allerdings sind schon mehrere Motorrad-Weltmeister später auch erfolgreich Autorennen gefahren (John Surtees, Mike Hailwood, Johnny Cecotto,...), umgekehrte Fälle hingegen sind nicht bekannt.
Motorsport	Die Kunst, Sport zu treiben, ohne sich übermäßig anzustrengen – deshalb auch die Sportart mit den meisten Akti-

Motorsportjournalisten

ven in Deutschland. Motorsport hat nur deshalb niedrigere TV-Einschaltquoten als Tennis und Fußball, weil das Teilnehmerfeld größer und damit für Kommentatoren wie Zuschauer schlechter überschaubar ist. Die meisten Sportreporter verlieren bekanntlich schon beim Tennis-Doppel den Überblick über das Geschehen.

Motorsportjournalisten Die Macher der Motorsportzeitschriften, die jeden in der Szene kennen und duzen und alles besser wissen und besser können als die Aktiven. Motorsportjournalisten laufen im Winter zur Höchstform auf, wenn sie ihre Zeitschrift mit Gerüchten, Spekulationen und erfundenen Stories über Wasser halten, bis die neue Saison beginnt und sie sich wieder auf das Abdrucken von Rennergebnissen beschränken können.

MV Agusta **M**eccanica **V**erghera Agusta, italienischer Produzent von Rüstungsgütern und Motorrädern; mit 34 Weltmeisterschaften im Rennsport erfolgreichste Motorradmarke aller Zeiten. Den größten Coup aber landete Agusta, als die Firma vor ein paar Jahren die belgische Armee mit total veralteten und überteuerten Hubschraubern ausrüstete.

N

Nannini, Alessandro Italienischer Rennfahrer, der versucht, durch tollkühne Autorennen und Hubschrauberflüge aus dem Schatten seiner Schwester, der erfolgreichen Rock-Sängerin Gianna Nannini, zu treten. Seine Formel-1-Karriere wurde durch einen Hubschrauberabsturz unterbrochen.

Norisring

Von einem bekannten Geldinstitut jährlich verliehener Ehrenpreis für den Motorsportler mit dem größten Verschleiß an bankfinanzierten Rennfahrzeugen.

Nürburgring

Eine Rennstrecke, von der die meisten Ausländer glauben, sie liege in der Nähe von Nürnberg. Als die Formel-1-Piloten merkten, daß der Nürburgring statt dessen bei Nürburg in der Eifel liegt, boykottierten sie den dortigen Grand Prix – angeblich wegen mangelhafter Sicherheitsvorkehrungen, tatsächlich aber weil der Ort Nürburg ein verschlafenes Nest und die Eifel eine der regenreichsten Gegenden Deutschlands ist. Inzwischen hat sich jedoch auch in der Grand-Prix-Szene herumgesprochen, daß es vom Nürburgring zum nächsten Fünf-Sterne-Hotel, zu diversen Spielcasinos und anderen Vergnügungen gar nicht so weit ist, und es werden wieder Grands Prix in der Eifel veranstaltet.

O

Overall

Sprich „Ouweroll“.
1. Einteiliger Anzug für Motorsportler, der es erlaubt, auf Gürtel und Hosenträger zu verzichten, ohne daß es einem in riskanten Situationen die Hosen auszieht.
2. Holländisch für Überschlag – daher auch der Ausdruck Überrollbügel.

Overall

... UND WO WERDEN SIE IM KOMMENDEN JAHR NOCH STARTEN?
OVERALL!
RESSE

P

Paddock-Bike

Mini-Motorrad. Jedes Rennteam hat mindestens ein Paddock-Bike, da dies die einzige Möglichkeit ist, sich im weitläufigen Fahrerlager (Paddock) und der total überfüllten Boxengasse (Pitlane) zügig fortzubewegen. Paddock-Bikes sind auch hervorragend für Rennfahrer geeignet, sich zwischen Training und Rennen mit haarsträubendem Fahrstil zu profilieren; zahlreiche vorgebliche Rennverletzungen stammen in Wirklichkeit von Stürzen mit Paddock-Bikes.

Pace Car

Wenn ein Rennen zu langweilig wird, schickt der Veranstalter den Pace Car auf die Strecke, hinter dem sich alle Teilnehmer sammeln müssen. Wenn der Pace Car die Strecke wieder freigibt, sind spannende Kämpfe und spektakuläre Massenkarambolagen (siehe dort) wieder wahrscheinlicher.

Parc Fermé

Französisch für „geschlossener Park“; damit ist ein meist umzäuntes und bewachtes Areal gemeint, in dem die Teilnehmer von Motorsportveranstaltungen in bestimmten Situationen ihr Fahrzeug abstellen müssen und zu dem niemand außer den Funktionären Zutritt hat. Damit soll verhindert werden, daß an Rallye-Fahrzeugen zwischen zwei Etappen unerlaubte Reparaturen vorgenommen werden oder daß nach einem Rennen unerlaubte Manipulationen an Rennfahrzeugen rückgängig gemacht werden und damit von den Funktionären unentdeckt bleiben. Der Parc Fermé bringt Fahrer und Mechaniker ganz schön in Streß, denn nun müssen sie diesen Teil ihres Jobs auf den Verbin-

Paddock-Bike

Paris –Dakar
...KAPUTT....
...VERSTEHEN...
...KAPUTT..
...AUTO...
...KAPUTT..
...FUTSCHI...

dungsetappen (bei Ralleys) bzw. auf der Auslaufrunde (bei Rundstreckenrennen) erledigen.

Paris – Dakar

Bekannteste, längste und härteste Wüsten-Rallye der Welt; startet zwar auch mal in Granada oder endet mal in Kapstadt, wird aber immer die „Paris – Dakar“ bleiben. Beliebtes Tummelfeld für abgehalfterte Rennfahrer und Prominente aus Film, Sport und Adel; wer gern mitmachen würde, aber sich nicht traut, der läßt halt den Chauvi raushängen: „Lieber Sydney Rome als Paris Dakar!“

Pilot

Früher hießen Rennfahrer einfach Rennfahrer, seit aber die Aerodynamik im Motorsport eine ebenso wichtige Rolle spielt wie in der Luftfahrt, hat sich der Begriff „Pilot“ durchgesetzt. Während allerdings die einen Piloten bestrebt sind, so schnell wie möglich von der Piste abzuheben, sollten die anderen so lange es geht draufbleiben.

Piquet, Nelson

Sohn des brasilianischen Gesundheitsministers und dreimal Formel-1-Weltmeister in den achtziger Jahren. Ähnliche Generationskonflikte gibt es nicht nur in Südamerika: Schließlich fährt auch Christian Danner, der Sohn des Unfallforschers und Sicherheitsapostels Professor Max Danner, schon seit Jahren Autorennen.

Pole position

Bester Platz bei der Startaufstellung; gebührt dem Trainingsschnellsten. Die meisten Sportkommentatoren verwechseln bei der Aussprache des Wortes die [poul poziʃn] mit der [pu:l poziʃn] und haben dabei vermutlich den besten Platz am Hotel-Pool im Sinn.

Porsche

Schwäbische Sportwagenfabrik, die das Kunststück fertigbringt, Autos mit einem völlig veralteten Motorenkonzept zu bauen und trotzdem dafür den Preis eines Einfamilienhauses zu kassieren. Vermutlich verwechseln einige Kunden Porsche mit Ferrari, weil beide Firmen ein springendes Pferd im Firmen-Wappen tragen.

Powerslide Sprich „Pauerslaid“; durch das Durchdrehenlassen der Antriebsräder bei Kurvenfahrt provozierter Slide (siehe dort). Wird nur von wenigen Amateuren beherrscht, aber von wirklichen Könnern zum Lenken des Fahrzeugs benutzt (vor allem im Rallye-Sport); in Motorsportkreisen läßt sich bereits mit der richtigen Aussprache des Wortes ungeheuer Eindruck schinden.

Pressekonferenz Wichtiges Ereignis nach einem Grand Prix, bei dem der Sieger den eifrig mitschreibenden Journalisten eine Analyse seiner Siegesfahrt diktiert: „Ich danke meinem Team und meinen Sponsoren, ohne deren selbstlosen Einsatz ich dieses Rennen nicht gewonnen hätte....“ Meist souffliert dem erschöpften und überglücklichen Fahrer bei dieser schwierigen Aufgabe der Pressesprecher seines Teams (siehe dort).

Pressesprecher Neben dem Fahrer der wichtigste Mann in einem Team: Solange der Pressesprecher den Journalisten die Mißerfolge des Fahrers glaubhaft erklären kann, ist die Publicity für die Sponsoren und damit der Erfolg für das Team gesichert.

Promoter Neudeutscher Begriff für Veranstalter. Vom Wortstamm her müßte ein Promoter „für Bewegung“ sorgen – die Aktivitäten der meisten Veranstalter bewirken allerdings meist das Gegenteil.

Pressekonferenz
...UNSER PILOT IST LEIDER NICHT AUFFINDBAR...
....VIELLEICHT KANN UNS DER REIFEN VOM WAGEN UNSERES FAHRERS AUSKUNFT GEBEN.
Pfluge

Regenrennen

Prost, Alain

Französischer Formel-1-Pilot, vierfacher Weltmeister, wegen seiner Routine als „der Professor" bekannt. Aufgrund seines Verhandlungsgeschicks und seiner häufigen Rücktritte auch „Monsieur Comeback" genannt. War bei Drucklegung dieses Buches noch im Ruhestand.

R

Rainey, Wayne

Amerikanischer Motorradrennfahrer; dreifacher Weltmeister, zum Teil auf unterlegenem Material – sein Wahlspruch „Auf einem perfekten Motorrad kann jeder Affe gewinnen"; seit einem vergleichsweise harmlosen Sturz 1993 an den Rollstuhl gefesselt.

Rallye

Orientierungswettbewerb (für Autos mit Beifahrer) mit Zeitwertung auf natürlichen Straßen oder im Gelände. Nach Dr. Michael Funcke in „Au´to fah´ren. Ein Wörterbuch für Autofahrer": „Sir Walter Rallye, englischer Adeliger, wurde berühmt, weil er der englischen Königin seinen Mantel zu Füßen ausbreitete, um ihr durch Dreck und Schlamm zu helfen. Sir Walter Rallye war seinerzeit zu Fuß unterwegs, weil es noch keine Autos gab. Trotzdem wurde, wegen seines harten Kampfes mit Schlamm und Sumpf, eine Sportart nach ihm benannt, die daraus besteht, möglichst schnell mit einem Auto durch normalerweise unpassierbare Landschaft zu sausen."

Rallye Cross

Das Kreuz auf Sir Walter Rallyes Grab auf dem Londoner Zentralfriedhof.

Regenrennen

Europäische Spezialität; während in den USA die meisten Rennen abgebrochen werden, wenn es zu regnen beginnt, werden in der Alten Welt Rennen vornehmlich in regenreichen Gegenden wie in der Eifel, in der Irischen See und am Fuße der Pyrenäen veranstaltet. Regenrennen sind bei weniger talentierten Motorsportlern beliebt, weil sie bei Nässe mangelnde fahrerische Qualitäten durch erhöhte Risikobereitschaft kompensieren können.

Reglement

Loses, jährlich geändertes Regelwerk zur Sicherung des ordnungsgemäßen Ablaufes von Motorsportveranstaltungen. Neben dem eigentlichen Sinn, als Erster die Ziellinie zu überqueren, ist es die vornehmste Aufgabe von Rennfahrern, Konstrukteuren und Mechanikern, das Reglement zu brechen, ohne daß die Konkurrenz etwas davon bemerkt.

Reifenwechsel

Wozu Normalsterbliche ihr Auto für einen ganzen Tag beim Reifendienst abgeben müssen, dazu geben Formel-1-Fahrer ihren Mechanikern nur wenige Sekunden Zeit – was beweist, wozu Autowerkstätten fähig wären, wenn sie nur wollten. Reifenwechsel waren bei Formel-1-Rennen bei Drucklegung dieses Buches noch erlaubt – ob das auch für den Augenblick gilt, da Sie dieses Buch lesen, scheint fraglich, da sich das Formel-1-Reglement noch schneller ändert als das Wetter am Nürburgring.

Rennarzt

Eine Art Vertrauensarzt für Rennfahrer; er entscheidet, ob ein Fahrer fit genug ist, am Rennen teilzunehmen. Alle Rennfahrer sind deshalb um ein gutes persönliches Verhältnis zum Rennarzt bemüht – andernfalls müssen sie vor jedem Rennen ihre Fitneß durch aufrechtes Gehen über eine Strecke von zwei Metern und durch fehlerfreies Zählen der anwesenden Krankenschwestern unter Beweis stel-

Reifenwechsel

Renndienst

len. Eigentlich Unsinn, denn beim Motorsport muß keiner laufen, und die Runden zählt die Boxencrew.

Renndienst Technische Assistenz der Industrie für die Rennteams. Wenn ein Rennteam seinen Sattelschlepper voll Werkzeug entladen und in der Box eine komplette Werkstatt eingerichtet hat, dann wird der jüngste Mechaniker mit dem Rennfahrzeug zum Renndienst geschickt, um die Radmuttern nachziehen zu lassen.

Rennen Eigentlich eine der denkbar einfachsten Sportarten – die einzige Regel lautet: Gewonnen hat, wer zuerst das Ziel erreicht. Damit es dabei möglichst fair zugeht, wurden im Laufe der Zeit allerdings immer mehr Regeln erfunden – heute heißt's: Gewonnen hat, wer die Regeln am besten beherrscht.

Rennfahrer Bei pubertierenden Jungen nach Lokomotivführer, Jumbo-Pilot und Tierarzt der am häufigsten geäußerte Berufswunsch. Wer die Pickel im Alter von zwanzig Jahren noch nicht los ist, läuft Gefahr, Nachfolger von Michael Schumacher zu werden.

Rennleiter Da es beim Rennen immer auf Zeit ankommt, können Unstimmigkeiten nicht demokratisch gelöst werden. Deshalb gibt es einen Rennleiter, der im Fall der Fälle das Sagen hat. Da die meisten Rennleiter Angst vor solchen Entscheidungen haben, schließen sie sich im Rennleiterbüro ein, bis das Rennen beendet ist, und hoffen, daß alles gut geht.

Rennöl Unterscheidet sich von herkömmlichem Motorenöl durch den Zusatz von Duftadditiven; erinnert an den Geruch von

Risiko

verbranntem Rizinusöl, der früher über jeder Rennstrecke hing. Heute hinterlassen nur noch GTI-, GSI- und Mantafahrer ihre Duftmarke, während Profirennfahrer ganz normales Motoröl verwenden.

Rennstall Treffende Bezeichnung für die meisten Motorsportteams: Wo so viele Rindviecher so viel Mist machen, da kann man wohl von einem Stall sprechen.

Replica Nachbau oder Kopie eines Rennfahrzeuges. Vor allem Motorradfahrer sind bereit, jede Menge Geld dafür zu bezahlen, sich im Straßenverkehr mit Maschinen abzuquälen, die für den täglichen Gebrauch so geeignet sind wie ein Formel-1-Rennwagen für die Urlaubsreise.

Rindt, Jochen Einziger Formel-1-Rennfahrer, der posthum zum Weltmeister erklärt wurde. Fuhr als Deutscher mit österreichischer Lizenz und verunglückte 1970 tödlich beim Training zum Großen Preis von Italien. Daran ist zwar nun gar nichts lustig, aber ein Motorsport-Wörterbuch ohne Jochen Rindt wäre kein Motorsport-Wörterbuch.

Risiko Welches Risiko? Die meisten Rennfahrer sterben wie jeder andere am Herzinfarkt, bei Verkehrsunfällen oder Flugzeugabstürzen. Die wenigsten allerdings an Altersschwäche – vielleicht sind Rennfahrer ganz einfach generell risikofreudiger als ihre Zeitgenossen.

Röhrl, Walter „Der Lange“. Ehemaliger Chauffeur des Bischofs von Regensburg; entwickelte auf seinen Dienstfahrten ein derartiges Fahrtalent, daß ihn der Bischof für Rallyes freistellte; später Rallye-Weltmeister. Sein guter Draht zur Kirche bewahrte Röhrl vor schweren Unfällen.

Rückspiegel

Die meisten Rennfahrzeuge sind wie normale Autos mit Rückspiegeln ausgestattet – allerdings nicht zu demselben Zweck wie im Straßenverkehr, nämlich um an der Ampel mit der Frau im Auto hinter einem zu flirten, sondern um zu erkennen, wann und wo ein Konkurrent überholen will, und ihm rechtzeitig den Weg zu versperren.

Rücktritt

Bei namhaften Motorsportlern beliebter PR-Trick, ihren Bekanntheitsgrad aufzufrischen – durch ihren Rücktritt treten sie in den Mittelpunkt des Interesses und lösen sie sich von unliebsamen Verträgen. Durch ihr Comeback rükken sie erneut in die Schlagzeilen der einschlägigen Presse. Protagonisten solcher PR-Arbeit sind Niki Lauda, Alain Prost und Nigel Mansell.

Rundstreckenrennen

Wurden schon in einer sehr frühen Phase des Motorsports geboren, als man feststellte, daß sich ein Rennen wesentlich besser organisieren läßt, wenn die Teilnehmer immer im Kreis fahren (siehe dort) – oder haben Sie schon einmal alle Zuschauer zwischen Paris und Dakar abkassiert?

S

Sachsenring

Deutscher Rauschgift-Dealer-Ring, dem Kontakte sowohl zur russischen Mafia als auch zur Motorsport-Szene nachgesagt werden.

Schumacher, Michael

Erster deutscher Formel-1-Weltmeister (ja richtig: Trips war nur Vize, und Rindt fuhr mit österreichischer Lizenz). Hat seinen Spitznamen „Schum(m)i“ von zahlreichen Schummelaktionen, bei denen sich dicke Bretter, unnütze

Schumacher, Michael

Schutzkleidung

Ventile und hinderliche Konkurrenten dünne machten. Die Fans stehen trotzdem zu ihm, denn dafür, daß er schwarze Fahnen und blaue Autos nicht sieht, kann er nichts, und schließlich war es auch ungerecht, daß Ecclestone ihn 1994 einfach eine Weile nicht mitfahren ließ, um die Weltmeisterschaft spannender zu machen.

Schutzkleidung

Wurde in den letzten Jahren immer weiter verbessert:
Heute passen bereits dreimal so viele Sponsor-Aufnäher und -Sticker auf Overall und Helm als noch vor fünf Jahren.

Schürze

Seitlich an Formel-Autos angebrachtes aerodynamisches Hilfsmittel zur Erzeugung des Ground Effects (siehe dort). Schürzen jeder Art sind heute im Motorsport verboten – wie sähe das auch aus, wenn Michael Schumacher eine Schürze über seinem Overall tragen würde.

Senna, Ayrton

Dreifacher Formel-l-Weltmeister aus Brasilien, Prototyp des modernen Rennfahrers und nach Meinung vieler Insider der talentierteste Grand-Prix-Pilot aller Zeiten. Verunglückte 1994 tödlich in Imola. Was daran lustig ist? Nichts, aber würden Sie ihn unerwähnt lassen?

Silverstone

Sagenhafter Stein aus der Krone König Artus, mit dem sich Kieselsteine in Silberstücke verwandeln lassen. Bernie Ecclestone muß etwas ähnliches gefunden haben, er macht Mist zu Geld.

Slalom

1. Israelischer Gruß.
2. Die Kaderschmiede der Weltmeister von morgen. Wochenends kämpfen Nachwuchs-Schumis auf Supermarkt-Parkplätzen zwischen Gummihüten und Holzstangen um

hundertstel Sekunden und Meisterehren. Hoffnungsvollstes Talent und damit nach eigener Einschätzung Anwärter auf ein Formel-1-Cockpit ist derzeit Paul Pylone (45/ 1,80/105) vom MSC Aldi.

Sleeper

Sprich „Slieper“, aus dem Englischen für Schläfer.
1. Fahrer, der an der Startampel die Grünphase verpaßt.
2. Rennfahrzeug, das langsamer aussieht, als es ist; wurde früher genutzt, um die Konkurrenz zu täuschen. Aussterbende Gattung: Zu Zeiten Sponsor-finanzierter Rennfahrzeuge kommt es im Gegenteil auf den größtmöglichen Showeffekt an.

Slicks

Profillose Rennreifen, die bei Trockenheit größtmöglichen Grip garantieren, bei Nässe aber ziemlich unbrauchbar sind. Slicks sind im öffentlichen Straßenverkehr aus zwei Gründen verboten: Erstens könnte die Polizei die Profiltiefe nicht messen, weil kein Profil da ist. Zweitens käme es bei einsetzendem Regen zu erheblichen Verkehrsstaus, weil alle Slick-Benutzer anhalten müßten, um die Räder zu wechseln.

Slide

Sprich „Slaid“; seitliches Wegrutschen eines Fahrzeuges in Kurven, wenn die Zentrifugalkraft die Seitenführungskräfte der Reifen übersteigt. Der kontrollierte Slide führt zu Glücksgefühlen beim Fahrer und Begeisterungsstürmen beim Publikum; der außer Kontrolle geratene Slide führt in den Straßengraben bzw. an die Leitplanke. Siehe auch Powerslide.

Spa Francorchamps

Italienische Schreibweise der Francorchamps AG. Spa = **S**ocieta **p**er **a**zioni = Aktiengesellschaft.

Slicks

Speed	Sprich „Spied". 1. Mode-Droge unter den Junkies. 2. Die Droge aller Motorsportler.
Spencer, Freddie	„Fast Freddie". Vierfacher Motorradweltmeister; galt einst als das größte Motorradtalent der Welt, schüttete sich allerdings so voll Dr. Pepper Softdrinks, daß er schließlich in keine Lederkombi mehr paßte und die Fans seinen Spitznamen in „Fat Freddie" abwandelten.
Spoiler	Laut Langenscheidts Taschenwörterbuch Englisch: Räuber, Verderber. Nachträglich montierte Spoiler rauben einem Auto Geschwindigkeit und verderben sein Design – was tun Motorsportler nicht alles für eine bessere Straßenlage?
Sponsoren	Wie in allen Sportarten das wichtigste Element im Motorsport. Ohne Sponsoren gäbe es heute weder die geschmackvolle Lackierung der Fahrzeuge noch die phantasievolle Gestaltung der Fahrerschutzkleidung. Auch die Identifikation der Piloten und ihrer Untersätze gestaltet sich wesentlich einfacher als früher: „Marlboro führt vor Rothmans, Diebels und Warsteiner...." Im Zuge der Einschränkungen für Tabak- und Alkoholwerbung werden wir uns allerdings in Zukunft umgewöhnen müssen: „Meister Proper führt vor Blausiegel, Toys 'R' Us und Pampers".
Sportfahrer	1. Motorsportlich aktiv: die seltenere Spezies, wird heute „Pilot" genannt (siehe dort). 2. Motorsportlich passiv: häufiger vorkommend, lungert an Rennstrecken herum, raucht Zigaretten jener Marke, die seinen Lieblingspiloten sponsert, und lackiert sein Au-

Sponsoren

Startaufstellung

	to auf die aktuellen Farben von Michael Schumachers Formel-1-Boliden um.
Sport-Prototypen	Rennwagenkategorie; stülpt man eine Karosserie über Räder und Fahrer eines Formel-1-Rennwagens, so erhält man einen Sport-Prototypen. Warum die Formel 1 trotzdem populärer ist? Siehe unter Monoposto.
Stallorder	Mit der Stallorder im Motorsport verhält es sich wie mit dem Fraktionszwang im Bundestag: Eigentlich darf es sie gar nicht geben, jeder bestreitet, sich daran zu halten, aber ohne sie hat kein Team Aussicht auf Erfolg.
Startampel	Die meisten Rennen werden mit einer Fahne oder, wie im richtigen Leben, mit einer Ampel gestartet: Bei Grün geht's los, wer hinten steht, hat Pech gehabt, kann aber am besten mogeln – siehe Fehlstart.
Startaufstellung	Bestimmt, in welcher Reihenfolge oder Anordnung die Teilnehmer eines Rennens zum Start antreten. Wurde bislang nach den im Zeittraining gefahrenen Rundenzeiten festgelegt; da diese Methode aber sehr zeitaufwendig ist, gibt es Pläne, die Rennfahrer künftig nach Zahl und Höhe ihrer Sponsorverträge aufzustellen.
Stewart, Jackie	Schottischer Rennfahrer, dreimal Formel-1-Weltmeister in den siebziger Jahren; trat zurück, bevor seine Kollegen herausfinden konnten, was er unter dem (feuerfesten) Schottenrock trägt.
Stollenreifen	Ringförmiges Backwerk aus Dresden. Dieser Begriff hat nichts mit Motorsport zu tun und ist nur versehentlich in dieses Wörterbuch geraten.

Straßenverkehr, öffentlicher
Die Rennstrecke der Möchtegern-Motorsportler, wo sie immer zahlreiche Opfer zum Überholen und ausreichend Publikum zum Bewundertwerden finden. Die meisten echten Motorsportler meiden den Straßenverkehr: „Viel zu gefährlich!“, „Ich werde doch nicht öffentlich auf der Straße verkehren!“

Streckenposten
Hilfskräfte des Motorsportveranstalters am Rande der Rennstrecke, die den Fahrern mit Flaggen (siehe dort) Signale geben, um sie vor Gefahren zu warnen oder ihnen Anweisungen des Rennleiters mitzuteilen. Streckenposten werden in Lehrgängen im Flaggenschwenken ausgebildet; Lehrgangsziel ist es, dem Sieger des Rennens in der Auslaufrunde mit vier verschiedenen Flaggen gleichzeitig zuzuwinken.

Stuck, Hans-Joachim
„Strietzel“. Prototyp des Rennfahrers der alten Schule – fährt wild, feiert wild, wechselt das Team häufiger als Boris Becker den Tennisschläger.

Surtees, John
Einer der erfolgreichsten unter den vielseitigen Rennfahrern: siebenfacher Motorradweltmeister in den fünfziger Jahren, Formel-1-Weltmeister 1964, Formel-1-Konstrukteur und Rennstallbesitzer in den siebziger Jahren. Zur Zeit fährt der Brite Veteranenrennen und überlegt, welche Weltmeisterschaft er noch erringen könnte.

Streckenposten

Tempolimit

VERDAMMT NOCH MAL, DER TROTTEL SOLL RUNTER VOM GAS! KEIN SCHWEIN KANN UNSER LOGO LESEN!

T

Telemetrie

Die elektronische Aufzeichnung und drahtlose Übertragung von Motor- und Fahrwerksdaten eines fahrenden Rennfahrzeugs. Mit Hilfe der Telemetrie können die Techniker an der Box die gesamte Fahrzeugtechnik kontrollieren – und auch steuern, aber wozu brauchte man dann noch den Fahrer? By the way: Wozu braucht man ihn eigentlich?

Tempolimit

Im Rennsport ist es wie im richtigen Leben: Die meisten Fahrer sind für ein Tempolimit in Boxengassen wie vor Zebrastreifen, aber sie halten sich nicht daran. Bernie Ecclestone denkt übrigens über eine generelle Geschwindigkeitsbegrenzung bei Formel-1-Rennen nach, damit die Fernsehzuschauer die Sponsornamen auf den Autos besser lesen können.

Tourist Trophy

Ganz und gar nicht touristisches Motorradrennen auf der Isle of Man in der Irischen See. Die Menschen auf dieser Insel sind verrückt: Sie drucken ihr eigenes Geld, verhängen die Prügelstrafe, lassen Nigel Mansell nach Florida auswandern und veranstalten Rennen über Land- und Dorfstraßen, was dazu geführt hat, daß die Katzen dort inzwischen alle schwanzlos sind.

Trial

Motorsportart über Stock und Stein, bei der es nicht auf Geschwindigkeit, sondern auf Geschicklichkeit ankommt. Trialfahrer stehen oft minutenlang auf der Stelle – da Zuschauer dabei einschlafen würden, finden Trialveranstaltungen meist unter Ausschluß der Öffentlichkeit statt.

Truckrennen

Auch das Fernsehen überträgt Trialveranstaltungen sehr selten, weil die Wahrscheinlichkeit spektakulärer Unfälle äußerst gering ist.

Trips, Wolfgang Graf Berghe von

Deutscher Formel-1-Pilot, der 1961 auf dem Weg war, Weltmeister zu werden, aber dann beim Großen Preis von Italien in Monza tödlich verunglückte. Trips stammte wie Schumacher aus dem Kreis Bergheim (Kennzeichen BM) – die Autofahrer dort sind im weiten Umkreis als besonders schlechte Verkehrsteilnehmer bekannt, und es geht das Gerücht, daß ein Bergheimer, der ein Jahr unfallfrei gefahren ist, ein Kölner Kennzeichen beantragen kann.

Truckrennen

Eigenwillige Szene mit Country-and-Western-Touch, in der Hubraum alles und Aerodynamik nichts zählt. Truckrennfahrer sind im Fahrerlager immer leicht als solche auszumachen: Sie tragen Stetson und Cowboystiefel an Stelle von Helm und Rennschuhen.

Tuner

Selbsternannte Zauberer, die vorgeben, aus einem Motor mehr Leistung herauszuholen, als der Konstrukteur es geschafft hat. Wenn es einem Fahrer nicht gelingt, mit der Konkurrenz mitzuhalten, dann gibt er das von seinen Sponsoren erhaltene Geld gleich weiter an einen Tuner.

Tuning

Eigentlich das korrekte Einstellen von Ventilen, Zündung und Vergaser eines Motors. Nachdem ein korrekt eingestellter Motor mehr Leistung entwickelt als ein falsch eingestellter, hat sich der Irrglaube entwickelt, das Tuning eines Motors wäre Zauberei. Wie im wirklichen Leben sind Zauberer aber auch im Motorsport meist Scharlatane – siehe Tuner.

Turbo Modernes Teufelszeug zur Leistungssteigerung, von dem niemand genau weiß, wie es funktioniert. In der Formel 1 ist der Turbo deshalb schon seit Jahren verboten. Unter Amateuren ist er allerdings immer noch in aller Munde, und man findet Turboaufkleber auf jedem zweiten Manta und jedem dritten Trabbi.

TV Unter den Ecclestone-Anhängern im Motorsport das Zauberwort schlechthin, das die Zuschauer an der Rennstrecke überflüssig macht: Spektakuläre Rennen lassen sich gut an sensationsgierige Fernsehsender verkaufen, wertvolle TV-Sendezeit läßt sich gut an werbegeile Sponsoren verkaufen, und die Zuschauer sollen sich gefälligst vor den Fernseher hocken, damit die Einschaltquoten stimmen.

U

Überholen Schlüsselvorgang im Motorsport, vergleichbar dem Fangschuß bei der Jagd. Wer seinen Konkurrenten überholt hat, der hat ihn quasi erlegt. Deshalb wehrt sich der langsamere Konkurrent mit allen Mitteln gegen das Überholen, und deshalb sehen Zuschauer Überholvorgänge fast so gern wie Unfälle.

Überholverbot In bestimmten Gefahrensituationen gilt selbst bei Rennen ein Überholverbot, das von den Streckenposten durch gelbe Flaggen signalisiert wird. Wenn Fahrer trotz gelber Flagge überholen, dann bestimmt nicht aus Eigennutz, sondern entweder weil sie farbenblind sind oder weil sie wissen, daß Rennen ohne Überholmanöver für Zuschauer langweilig sind.

TV
... IRGEND WAS STIMMT DA NICHT! IHRE SENDUNG "DAS AKTUELLE WERBE-STUDIO" WIRD STÄNDIG VON SPORT-SPOTS UNTERBROCHEN!

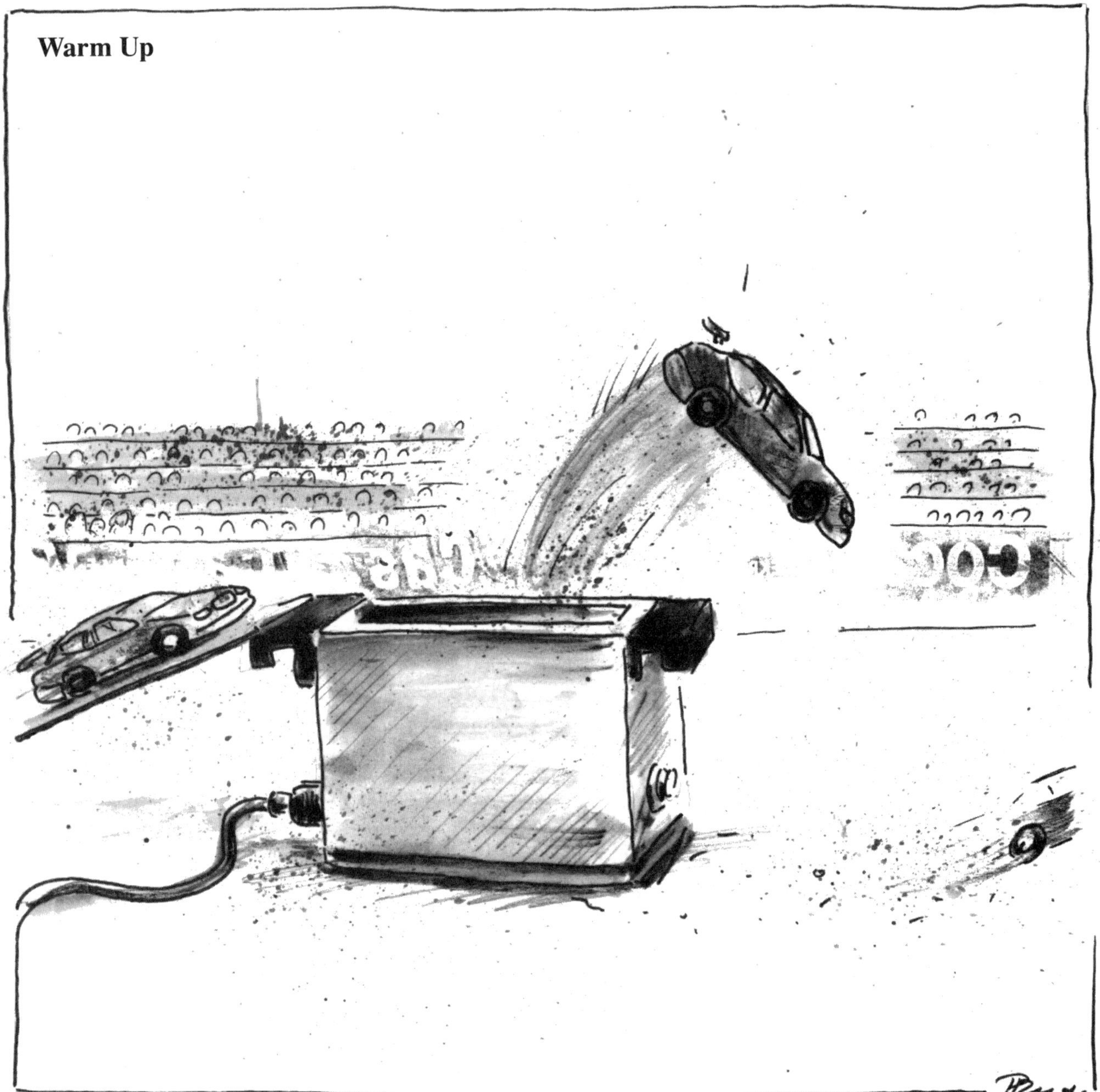
Warm Up

V

VIP — **V**ery **i**mportant **p**erson = sehr wichtige Person; also jeder in der Motorsportszene, nur nicht die Leute, die beim Rennen einen VIP-Paß um den Hals tragen.

VIP-Paß — Ausweis, der zum Betreten so wichtiger Plätze wie der Boxengasse und des Fahrerlagers berechtigt. VIP-Pässe werden an Leute vergeben, die sonst nichts mit dem Motorsport zu tun haben – weil sie prominent sind (dann werten sie die Veranstaltung auf), weil sie Sponsoren sind (dann finanzieren sie die Veranstaltung) oder weil sie viel Geld für den Paß bezahlt haben (dann haben sie etwas falsch verstanden, denn VIPs tragen keinen VIP-Paß).

W

Warm Up — Sprich „Woam Ap". Aufwärmrunde (siehe dort) oder Aufwärmtraining vor dem Start zu einem Rennen. Der Motorenlärm des Warm Up signalisiert dem auf der Toilette sitzenden TV-Zuschauer, daß der Start unmittelbar bevorsteht und er langsam sein Geschäft zu Ende bringen muß.

Werksfahrer — Motorsportler, die anderer Leute Rennfahrzeuge kaputtfahren dürfen und dafür hoch bezahlt werden.

Werksvertrag — Das Ziel aller Motorsportler – wer einen Werksvertrag hat, der darf nicht mehr fahren, was er will, nicht, wann er will, und nicht, wo er will, muß sich der Stallorder beugen und darf nur noch das sagen, was ihm Teamchef und Pressesprecher vorschreiben.

Wheelie	Im Motorradsport häufig zu sehendes Fahren auf dem Hinterrad. Ist ungefähr so sinnvoll wie ein Handstand beim Hundertmeterlauf, aber bei den Zuschauern ungeheuer beliebt.
Widowmaker	Englisch für „Witwenmacher"; Bergrennen für Motorräder, bei dem ein Berg in Angriff genommen wird, der nach oben hin immer steiler wird, so daß keiner der Teilnehmer den Gipfel erreicht – wer am weitesten kommt, der hat gewonnen. Bei motorsporttreibenden Firmen eine beliebte Methode, ausrangierte Werksmotorräder und Werksfahrer loszuwerden.

Z

Zandvoort	Schnell wandernde Düne in Holland – „Der Sand ist fort!"
Zeltweg	Verrufener Campingplatz in Österreich: „Das Zelt ist weg!"
Zuschauer	Früher die wichtigsten Menschen im Motorsport – viele Zuschauer waren für die Sportler gleichbedeutend mit viel Atmosphäre, viel Ehre und viel Geld. Heute eher lästige Zeitgenossen, die versuchen, ins Fahrerlager vorzudringen, und die Flaschen auf die Strecke schmeißen, wenn sie mit dem Rennergebnis nicht zufrieden sind. Zuschauer sind eigentlich unwichtig, denn das meiste Geld läßt sich eh mit dem Verkauf von TV-Rechten und Werbeflächen verdienen – die Fahrer sollen nicht so viel von Ehre faseln, sondern Gas geben.
Zwischengas	Kurzer Gasstoß des Fahrers beim Schaltvorgang; in einem eingespielten Team übergeht der Beifahrer die kleine Peinlichkeit, ohne ein Wort darüber zu verlieren.

ISBN 3-8231-0564-7

ISBN 3-8231-0135-8

ISBN 3-8231-0543-4

ISBN 3-8231-0126-9

ISBN 3-8231-1022-5

ISBN 3-8231-0176-5

ISBN 3-8231-0166-8

ISBN 3-8231-0139-0

ISBN 3-8231-0082-3

ISBN 3-8231-0189-7

Fröh·li·che Wör·ter·bü·cher von A–Z

ISBN 3-8231-0116-1

ISBN 3-8231-1003-9

ISBN 3-8231-1002-0

ISBN 3-8231-0105-6

ISBN 3-8231-0138-2

ISBN 3-8231-1006-3

ISBN 3-8231-0096-3

ISBN 3-8231-0070-X

ISBN 3-8231-0095-5

ISBN 3-8231-0110-2

ISBN 3-8231-0110-2

ISBN 3-8231-0069-6

ISBN 3-8231-0162-5

ISBN 3-8231-0101-3

ISBN 3-8231-0190-0

ISBN 3-8231-0565-5

ISBN 3-8231-0120-X

ISBN 3-8231-0060-2

ISBN 3-8231-0137-4

ISBN 3-8231-0534-5

ISBN 3-8231-0152-8

ISBN 3-8231-0157-9

ISBN 3-8231-0079-3

ISBN 3-8231-0080-7

ISBN 3-8231-0114-5

ISBN 3-8231-0068-8

ISBN 3-8231-0113-7

ISBN 3-8231-0541-8

ISBN 3-8231-0544-2

ISBN 3-8231-1004-7

ISBN 3-8231-1005-5

ISBN 3-8231-1007-1

ISBN 3-8231-0107-2

ISBN 3-8231-0128-5

ISBN 3-8231-0191-9

ISBN 3-8231-0067-X

ISBN 3-8231-0112-9

ISBN 3-8231-0086-6

ISBN 3-8231-1021-7

ISBN 3-8231-0078-5

ISBN 3-8231-0542-6

ISBN 3-8231-0149-8

Fröh·li·che Wör·ter·bü·cher von A–Z

ISBN 3-8231-0548-5

ISBN 3-8231-0546-9

ISBN 3-8231-0167-6

ISBN 3-8231-1000-4

ISBN 3-8231-0077-7

ISBN 3-8231-0088-2

ISBN 3-8231-0129-3

ISBN 3-8231-1013-6

ISBN 3-8231-0143-9

ISBN 3-8231-1015-2

ISBN 3-8231-0098-X

ISBN 3-8231-0168-4

ISBN 3-8231-0119-6

ISBN 3-8231-0123-4

ISBN 3-8231-0134-X

ISBN 3-8231-1016-0

ISBN 3-8231-0650-3

ISBN 3-8231-0163-3

ISBN 3-8231-1008-X

ISBN 3-8231-0192-7

ISBN 3-8231-0076-9

ISBN 3-8231-0193-5

ISBN 3-8231-0164-1

ISBN 3-8231-0170-6

ISBN 3-8231-0124-2

ISBN 3-8231-0539-6

ISBN 3-8231-0066-1

ISBN 3-8231-0140-4

ISBN 3-8231-0194-3

ISBN 3-8231-0538-8

ISBN 3-8231-0091-2

ISBN 3-8231-0185-4

ISBN 3-8231-0153-6

ISBN 3-8231-0117-X

ISBN 3-8231-0566-3

ISBN 3-8231-0558-2

ISBN 3-8231-0568-X

ISBN 3-8231-0171-4

ISBN 3-8231-0065-3

ISBN 3-8231-0097-1

ISBN 3-8231-0572-8

ISBN 3-8231-0156-0

ISBN 3-8231-1009-8

Fröh·li·che Wör·ter·bü·cher von A–Z

ISBN 3-8231-0109-9

ISBN 3-8231-0175-7

ISBN 3-8231-0064-5

ISBN 3-8231-0567-1

ISBN 3-8231-0560-4

ISBN 3-8231-0535-3

ISBN 3-8231-0073-4

ISBN 3-8231-0537-X

ISBN 3-8231-0111-0

ISBN 3-8231-0561-2

ISBN 3-8231-0559-0

ISBN 3-8231-0536-1

ISBN 3-8231-0151-X

ISBN 3-8231-0130-7

ISBN 3-8231-1020-9

ISBN 3-8231-0158-7

ISBN 3-8231-0131-5

ISBN 3-8231-0530-2

ISBN 3-8231-0531-0

ISBN 3-8231-0141-2

ISBN 3-8231-0083-1

ISBN 3-8231-0150-1

ISBN 3-8231-0569-8

ISBN 3-8231-0145-5

ISBN 3-8231-0146-3

ISBN 3-8231-0115-3

ISBN 3-8231-0178-1

ISBN 3-8231-0118-8

ISBN 3-8231-1010-1

ISBN 3-8231-1011-X